The Spaces Between

JORGE FONDEBRIDER

translated by

Richard Gwyn

CinnamonPress

INDEPENDENT INNOVATIVE INTERNATIONAL

Published by Cinnamon Press
Meirion House,
Glan yr afon,
Tanygrisiau
Blaenau Ffestiniog,
Gwynedd,
LL41 3SU
www.cinnamonpress.com

 ISBN: 978-1-909077-14-0

British Library Cataloguing in Publication Data. A CIP record for this book can be obtained from the British Library.

Designed and typeset in Palatino by Cinnamon Press
Cover design by Cottia Fortune-Wood
Printed in Poland
Cinnamon Press is represented in the UK by Inpress Ltd www.inpressbooks.co.uk and in Wales by the Welsh Books Council www.cllc.org.uk

The publisher gratefully acknowledges the support of The Welsh Books Council

Work published within the framework of 'Sur' Translation Support Program of the Ministry of Foreign Affairs, International Trade and Worship of the Argentine Republic.
Obra editada en el marco del Programa "Sur" de Apoyo a las Traducciones del Ministerio de Relaciones Exteriores, Comercio Internacional y Culto de la República Argentina.

Acknowledgments

Some of the work selected in this collection was first published in *Imperio de la luna (Empire of the Moon)*; *Standards* and *Los últimos tres años (The Last Three Years).*

The author, translator and publisher are grateful to the 'Sur' Translation Support Program for making the translation possible and to the Welsh Books Council for publishing support.

Contents

The Spaces Between

Imperio de la luna (1987)

Empire of the Moon (1987)

A Gerardo Gambolini

Se agota la sombra de unos vasos.
Importan días, casas,
importan nombres propios y unas calles.
Después se pierde todo.
Curiosidad también. Viejos amigos,
nuestros reinos en perfecta alteridad.

To Gerardo Gambolini

The shadow of a few glasses drains away.
Days, houses: these things matter,
specific names and a few streets matter.
Later all is lost.
Curiosity too. Old friends,
our kingdoms in perfect otherness.

Kultur

Tengo en casa más poesía de la que puedo leer.
Nada hay más lírico que el viento
llegando hasta esos muslos de mujer
que veo en la terraza.

Ay aquellas gotas de sudor. Sinceramente
nada hay más lírico que el viento.

Kultur

In my house I have more poetry than I can read.
There is nothing more lyrical than the wind
brushing against the thighs of that woman
I see on the terrace.

Ah those beads of sweat. Truly
nothing is more lyrical than the wind.

Tiempo de verano

Afuera, al borde del verano
con todos sus olores,
la noche se perfuma con duraznos
y enciendo un cigarrillo.

Digamos que la noche puede irse adonde quiera.
Digamos que fumar no me conviene.
El corazón me sobra.
La lógica no sirve para nada.

Summertime

Outside, on the edge of summer
with all its perfumes
the night is scented with peach
and I light a cigarette.

Let's say that the night can go where it will.
Let's say that smoking doesn't suit me.
The heart is redundant.
Logic is useless.

De cómo el amor se vuelve recuerdo del amor

Difícil es luchar con el corazón.
Y es el alma la que debe
pagar sus deseos.
Heráclito de Efeso: Fragmento 85.

Entre dos tazas de té
hablo en pasado de la mujer que quiero.
Hago de ella un rastro en la conversación.
No importa qué profunda sea su huella.
El resultado es el mismo:
Ella era, ella hizo, ella dijo, ella fue.

How Love Becomes a Memory of Love

It is difficult to fight with the heart,
and it is the soul that must pay
for its desires.
Heraclitus of Ephesus: Fragment 85.

Between two cups of tea
I speak in the past tense of the woman I love.
I lay down a trace of her in the conversation.
It doesn't matter how deep that trace might be.
The result is the same:
She was, she did, she said, she went.

Después de un viaje

De esas costas vacías
me quedó sobre todo
la abundancia de cielo.
Juan José Saer

Cuando uno vuelve
los autos brilla menos
y todo sigue triste y provinciano
excepto el cielo.

¿Y qué decir del cielo de Argentina?
Cuando uno vuelve
el cielo es tan azul
como un cuchillo.

After a Journey

From these empty coasts
I retain, above all, the
abundance of sky.
Juan José Saer

When one returns
the cars are less shiny
and everything seems sad and provincial
except the sky.

What can one say about the sky of Argentina?
When one returns
the sky is blue
like a knife.

Standards (1993)

Weaver of Dreams

La memoria empecinada
encuentra en lo ordinario
materia extraordinaria que soñar.
Es algo así como mirar por la ventana
y ver que hay fuegos de artificio
y gente que se asoma,
que mira con los hombros encogidos
tratando de guardar en la retina algún detalle,
no saltar.

Weaver of Dreams

Obstinate memory
finds in the ordinary
extraordinary material to dream with.
It's something like looking out of the window
and seeing there's a fireworks display
and people leaning out to watch,
looking on with shoulders hunched
trying to hold some detail in the retina,
not jumping.

Smoke Gets in Your Eyes

Ella dice
tenés los ojos rojos
y él escucha lo que tiene que escuchar,
enciende un cigarrillo y piensa
que no hay espacio para pensar en nada,
que el amor es resplandor de la memoria,
fulgor de la memoria,
olvido.

Smoke Gets in Your Eyes

She says
you have red eyes
and he listens to what he must listen to,
lights a cigarette and thinks
that there's no room to think of anything,
that love is a radiance in the memory,
a glowing in the memory,
oblivion.

These Foolish Things

La pared está rajada por un clavo
del que no cuelga nada.
Todo se hunde en la borra de café. Hay una sola taza.
Diría que estas cosas te recuerdan,
y escribo que estas cosas te recuerdan,
pero también hay un cesto con papeles.

These Foolish Things

The wall is pierced by a nail
from which nothing hangs.
Everything drowns in coffee dregs. There is only one cup.
I would say that these things remind me of you
and I write that these things remind me of you,
but there is also a basket filled with paper.

Memories of You

La juventud compone algún recuerdo
que la memoria conserva empecinada el resto de la vida.
Pensamos que alguna vez hubo una playa,
que alguna vez tuvimos frío delante del país de un viaje en tren.
Después nos despedimos bajo una lluvia fina
en puertos y aeropuertos, en casas y en hoteles.
No hay nada nuevo aquí,
excepto que una vez es la primera vez
y a todos nos sorprende.

Memories of You

Youth constructs certain memories
that are stubbornly conserved throughout a lifetime.
We think that once there was a beach,
that once we were cold on a train, the country before us,
that later we said goodbye under a fine rain
in harbours and airports, in houses and hotels.
There is nothing new here,
except that once it is the first time
and we are all taken by surprise.

All the Things You Are

Pagué todas tus cuentas, regué todas tus plantas,
las llaves que pediste ya las hice.
Después busqué la forma de tus pies en los zapatos,
y me senté en el borde de tu cama
a ver por la ventana lo que ves
cuando volvés a casa
sola.

All the Things You Are

I paid all your bills, watered your plants,
had the keys you asked for cut.
Afterwards I sought out your feet's contours in your shoes,
and sat on the edge of your bed
to see through the window the things that you see
when you come home
alone.

Ugly Beauty

Yo iba al cine pensando en el poema
de un hombre, que había escrito
que la belleza es un consuelo,
y es cierto que, entre muchas otras cosas, es consuelo.
Y recordé también a un ciego
que dijo alguna vez que la belleza abruma.
Pero no sé si la belleza abruma,
tampoco sé si es un escándalo.
Por alguna razón me vino a la memoria
la imagen de un pianista sentado ante las teclas
como quien busca y encuentra el argumento
que la belleza confronta con la muerte.
Después pensé: ninguna muerte es bella,
pero las hojas de ese otoño contra el cielo
de nubes grises, bajas, me desmienten.
La belleza es siempre esquiva,
no tiene fundamento.

Ugly Beauty

I went to the cinema thinking about the poem
of a man who had written
that beauty is a consolation,
and certainly, among many other things, it is a consolation.
And I remembered also a very famous blind man
who said once that beauty overwhelms.
But I don't know if beauty overwhelms,
nor do I know if it's an outrage.
I don't know why the image of a pianist at a keyboard
came to mind
like someone looking for and finding the theme
that beauty stands up to death.
Afterwards I thought: no death is beautiful,
but the autumn leaves against the sky
of low grey clouds proves me wrong.
Beauty is always elusive.
It lacks any foundation.

Los últimos tres años (2006)

The Last Three Years (2006)

Presión del instante

Ahora, exactamente, un submarino cruza el mar.
Adentro alguien golpea,
sigue el ritmo de la música con la cuchara de la sopa en
la pared de acero.
La cinta es vieja y lleva escrito 'grandes éxitos'.
Pero desciende el submarino y aumenta la presión
hasta llegar al punto en que las cosas
empiezan a hacer crac.

Arriba, alguien que lee sobre la arena de una playa,
se distrae siguiendo con la vista
a un pájaro que pasa, surcando las nubes desflecadas.
Un instante preciso en que el sol y el cielo rojos,
la curva trazada por el pájaro que la mirada sigue
la espuma dura y blanca de las olas
ocultan la explosión.

Después, el horizonte como siempre,
la cresta de una idea sumada a la resaca,
una medusa seca,
los pólipos, la toalla,
el viento de la tarde que agita las páginas del libro,
un brazo o una pierna que llegan a la costa,
acaso una gaviota.

Pressure of the Moment

Right now, a submarine is crossing the sea.
Inside, someone is tapping,
following the rhythm of music with a soup spoon
on the steel wall.
The recording is old and is titled 'greatest hits'.
But the submarine descends and the pressure mounts
until it reaches the point at which things
begin to crack.

Above, someone reading on a sandy beach
is distracted by a bird's flight overhead,
cleaving the frayed clouds.
A precise instant – in which the reddening sun and sky,
the curve traced by the bird, which the gaze follows,
the hard white foam of the waves –
hide the explosion.

Afterwards, the horizon as always,
the crest of an idea joined to the undertow,
a dry jellyfish
polyps, towel,
the evening breeze which rustles the pages of the book,
an arm or a leg washed up on the shore,
maybe a seagull.

Epopeyas

Todo el día traduciendo
la historia de una guerra legendaria
que en realidad fue sólo un robo de gallinas
y la reacción brutal de reyes toscos
que la repetición transforma en héroes de epopeya.

A la noche, un amigo, que es poeta.
me habla de un zaguero talentoso.
Un jugador fantástico —me dice—.
Estuvo en tres mundiales. Después se retiró.
Yo sé que fantástico no era.
Los bardos, exageran.

Epics

All day spent translating
the history of a legendary war
which in fact was only a chicken raid
and the brutal response of vulgar kings
whom repetition transforms into epic heroes.

That night, a friend, who is a poet,
talks to me about some footballer,
a talented defender.
– A fantastic player – he tells me.
Fantastic he was not.
The bards, they exaggerate.

Dalkey

Al ver el mar de Irlanda,
pensé que es mucho más el mar que en otras partes,
pensé que al sur no hay fin del mundo,
que al sur del sur el mundo sigue.
Al norte, en cambio, el cielo pesa.
Las nubes se desplazan hacia Islandia y barren las montañas
hasta quebrar las piedras de la foto que me tomaste ayer
cuando tenía algo que decir.
Hoy ya no sabría qué decir.

Dalkey

When I first saw the Irish Sea,
I thought there's a lot more sea here than elsewhere,
I thought that in the south there isn't a world's end,
south of the south the world goes on.
To the north, however, the sky weighs on you.
The clouds slide away towards Iceland and sweep the mountains
until they smother the rocks in the photo you took of me
yesterday
when I had something to say.
Today I no longer know what to say.

Regent's Canal
(a la altura de Danbury Street)

De la tierra helada del invierno, apenas los contrastes:
las aguas verdes del canal a la deriva,
la lluvia inglesa y ese cuervo trepándose a la rama.
como quien dice estoy,
yo soy de aquí
y tengo poco tiempo que perder con un extraño.

De esta ciudad de casas de ladrillo y lentas ceremonias,
el cuervo es otro dato de la tarde,
una constancia más que el hombre acepta
y suma a la barcaza, a la botella,
al tipo con su caña y sobretodo
pescando desde el borde
con gusanos que guarda en una caja de zapatos.

El extranjero entonces se aferra a ese canal
y busca detrás de las esclusas,
de los barcos dormidos hasta la primavera,
de pasos fantasmales que cruzan Noel Road
una costumbre que no tiene,
un modo de las cosas que no entiende.

Regent's Canal
(by Danbury Street)

Barely contrasting with the frozen winter earth:
the drift of the canal's green waters,
the English rain and that crow shuffling along the branch,
as if to say,
I'm from around here
and I don't have time to waste on a stranger.

The crow joins the afternoon's information
in this city of brick houses and slow ceremonies,
one more constant that the man takes as given
along with the barge, the bottle,
the fellow with his rod and overcoat
fishing from the bank,
with worms that he keeps in a shoebox.

So the foreigner sticks to that canal,
searching behind the locks,
behind the hibernating boats
behind the sound of ghostly footsteps crossing Noel Road
for a custom he is lacking
a way of things he cannot understand.

Los poetas

Como Platón, echarlos,
sacarlos a patadas en el culo.
Peor los narradores que no leen poesía.
Analfabetos.

Poets

Like Plato, chuck them out,
send them packing with a kick in the arse.
Worse still are novelists who don't read poetry.
Illiterates.

Lenguas

Eliot dijo que podemos conmovernos
oyendo recitar un poema en una lengua de la cual
no entendemos ni una sola palabra.
Por eso fui, para escuchar
a qué sonaba eso.
Y aquel poeta que
parado delante de un atril y un poco despeinado,
probablemente no sabía que yo era un extranjero
me había elegido a mí.
El hombre recitaba mirándome a los ojos.
Yo quería, y en realidad deseaba,
justificar mi tiempo oyendo recitar esos sonidos, conmoverme.
Después de cada verso él me observaba
haciéndome su aliado, pidiéndome el apoyo
que sólo una mirada que no entiende puede dar
mientras el mundo tiembla en el espacio
y dos personas piensan.

Languages

Eliot said we can be moved
hearing a poem recited in a language
of which we understand not one word.
That's why I went, to listen
to what it might sound like.
And that poet,
standing at the lectern, a little dishevelled,
probably not knowing I was a stranger,
had chosen me.
The man recited, looking me in the eye.
And I wanted, I really wished
to justify my time hearing those sounds, and be moved.
After every verse he watched me,
making of me his ally, asking for the support
that only an uncomprehending gaze can offer
while the world trembles in the space between
and two people think.

Un exabrupto

Mientras traduzco una biografía de Gershwin
y repaso sus triunfos,
los muchos testimonios de sus contemporáneos,
advierto que yo también conozco a gente ilustre
y a algunos pocos realmente talentosos,
que cargan por el mundo sus deudas y amargura.
Pero después vuelvo al trabajo.
En realidad, quiero decir que el talento no basta,
que nunca es suficiente
que hay que nacer en el lugar exacto, en la época exacta,
tener suerte y ser visible.
Y el que sostenga lo contrario es un cretino.

Outburst

While translating a biography of Gershwin
and reading again of his successes,
the many testimonies of his contemporaries,
I realise that I too know illustrious people
and a few who are genuinely talented,
who bear the load of the world's debts and bitterness.
But later I go back to work.
What I really want to say is that talent is not enough,
is never sufficient
that you have to be born in the right place, at the right time,
you have to be lucky and be noticed.
And whoever claims otherwise is a cretin.

Mensajes

A veces aparecen en la cinta las voces superpuestas del teléfono,
mensajes que importaron y que no importan más.
El otro día, por ejemplo, hubo la voz de un muerto,
que alguna vez tuvo una vida y ahora es un error,
un dato de la tarde, un sobresalto,
la referencia apenas que quiebra la rutina.

Messages

Sometimes on the answerphone voices are superimposed,
messages that mattered and now do not.
The other day, for example, there was the voice of a dead man,
who once had a life, and now is a mistake,
a detail of the afternoon: a fright,
an allusion that barely interrupts routine.

Fechas

Toda vida transcurre entre dos fechas.
En el medio, los días de música, mañanas distraídas
con soles amarillos que navegan
del cielo hasta su olvido
y el mundo gira un poco, y gira el agua hasta perderse
sumida en el desagüe como se pierde el sueño
de alguna vez vencer la pena y el dolor.
Espanta pensar que en la memoria
los muertos apenas sobreviven
una generación o dos.

Dates

All life takes place between two dates.
In between, days of music, distracted mornings
with yellow suns that sail
the sky into oblivion
and the world turns a little, and water whirls until
it disappears down the drain as though losing the dream
of ever overcoming pain and sorrow.
It's horrible to think that in memory
the dead barely survive
a generation or two.

200 Berkeley Place, Park Slope, Brooklyn

La tarde es muy oscura y hay una mancha azul e inexplicable
debajo de la nieve.
Encima de la nieve los perros hacen pis.
Despejo la escalera y dejo que la pala golpee el pavimento
que suena destemplado como un tambor de piedra.
Los vecinos responden con sus palas y echan sal
parados en las sombras.
No hay diálogo posible.
No para de nevar.

200 Berkeley Place, Park Slope, Brooklyn

The afternoon is very dark and there's an inexplicable blue stain
beneath the snow.
The dogs piss on top of the snow.
I clear the steps and the shovel bangs on the pavement,
sounding harsh as a stone drum.
The neighbours answer with their shovels and scatter salt
standing in the shadows.
No dialogue is possible.
It won't stop snowing.

Certezas I

Después de varios días,
al tomate le sale una corona de inmundicia.
Las ballenas emigran hacia el norte.
Espera el cocodrilo hundido entre las cañas.
Los cactos del desierto florecen cuando llueve.
El berro siempre crece al lado de las zanjas. Cede el lodo
y arrastra a la montaña, con piedras y con palos, cuesta abajo
Los restos del naufragio yacen muertos
perdidos en el fondo de mares solitarios. La madera
se pudre. Y en la nieve
hay un conejo blanco al que persigue un puma.
Ambos corren en silencio. Saben
qué hace cada uno en ese drama:
seguir, acelerar, cambiar de dirección,
quién estira la zarpa,
a quién se le quiebra el espinazo.
Todo sabe qué hay que hacer.
Yo, no.

Certainties I

After several days,
the tomato sprouts a filthy crown.
Whales migrate towards the north.
The crocodile submerged in the reeds awaits his moment.
Desert cacti blossom in the rain.
Watercress always grows beside a ditch. Mud gives way
and brings down a mountain with its cargo of sticks and stones.
The remains of the wreck lie dead,
lost in the deep of solitary seas. Wood
rots. And in the snow
there is a white rabbit, and a puma giving chase.
Both run in silence. They know
what each one has to do in this drama:
to pursue, to accelerate, swerve,
whose paw swipes out,
whose back is broken.
Everything knows what has to be done.
Not me.

Rosario

Viajar al litoral en el verano no fue una buena idea.
Hizo calor, había mosquitos,
las mismas referencias de otras veces.
Fue vivir como entre comas, suspendido
igual que en todas partes, pero más
despacio o aburrido
y aquí no corre el viento ni se mueve
nada.

Rosario

Travelling upriver in summer was not a good idea.
It was hot, there were mosquitos,
the same points of reference as at other times.
Like living between commas, hanging there
just as everywhere else, but more
slowly or in more bored a fashion
and here the wind doesn't blow and
nothing moves.

La vuelta

Cargando con el cuerpo como se arrastra un carro,
harto de mis zapatos,
cansado de mis gustos, preocupado
después de un breve viaje,
un viaje que no admite el beneficio de la duda o la nostalgia,
he vuelto a mi ciudad. Y sin embargo,
cada vez que vuelvo es menos mía.
Aunque conozca el recorrido de las calles,
entienda los títulos del diario,
comprenda la razón de muchos gestos,
llego a mi casa y veo, con hombros encogidos, detrás de la ventana
el humo del invierno en los escapes.
Casi nadie a quien llamar.

The Return

Dragging my body as though pulling a cart,
feet sore in my shoes,
tired of my pleasures, worried
after a brief journey,
a journey without the advantages of doubt or nostalgia,
I have returned to my city. And yet,
every time I return it is less mine.
Although I know the layout of the streets,
recognise the headlines in the newspaper,
understand the intention of many gestures,
I arrive home and, shoulders hunched, see outside the window
car exhausts spewing winter smoke.
Almost no one I want to call.

Poemas inéditos

Uncollected Poems

A los seis años lee

Para Alejandro todas las sílabas son tónicas.
Por eso la lectura es monocorde.
Lo oigo desde el living y escucho las noticias:
un cura practica un exorcismo,
el muyahidín que canta,
un alemán que niega el holocausto, dos banqueros,
el fuego en los suburbios de Los Angeles,
inundaciones, huelgas, peronistas
y música de Rimsky Korsakov para el desastre,
no importa qué desastre, para cualquier desastre.
Pero después escucho pasos en el piso de madera.
Se mezclan con el ruido de la tele.
Papá, papá –me dice–,
¿qué significa ser contemporáneo?

Reading at Six

For Alejandro all syllables are stressed,
so his reading is monotonous.
I hear him in the living room as I listen to the news:
a priest carries out an exorcism,
a singing Mujahedin
a German who denies the holocaust, two bankers,
a fire in the suburbs of Los Angeles,
floods, strikes, Peronists
disaster set to a score by Rimsky Korsakov,
it doesn't matter what disaster, any disaster.
But then I hear footsteps on the wooden floor,
merging with the noise of the TV.
'Papa, Papa' – he says to me,
'What does it mean to be contemporary?'

La lluvia a mano

No sé por qué pero querría
mencionar las posibilidades de la lluvia,
su modo de golpear sobre los tachos,
su forma de colarse en los zapatos,
de rodar sobre el vidrio, meterse en el poema
precisamente ahora
que ahora está lloviendo en esta página
y llueve, como dijo Tuñón, con todos los tambores de la lluvia.
¿Después? Después no sé,
pero ahora llueve
y quiero dejarlo aquí anotado por si alguien necesita
la lluvia como yo.

Rain at Hand

I don't know why but I would like
to mention the possibilities of rain,
its custom of hammering on the bins,
the way it seeps into shoes,
streams over glass, works its way into the poem
at this exact moment
and right now it's raining on this page
and it rains, as Tuñón said, with all its rain-drums.
Afterwards? Afterwards I don't know,
but now it's raining
and I want to make a note of it in case anyone needs
the rain as I do.

Madera noruega

Un hombre de mi edad pasa silbando.
El día fue agobiante y ahora mismo hace calor.
Por eso mejor no pienso en nada y me figuro
que esa canción fue de hace tiempo
cuando el mundo era más leve o frágil
como una telaraña
que un día se rompió.

In Spanish-speaking countries several Beatles songs are incorrectly translated, such as here, where 'madera' refers to the material of wood, rather than to a forest. The poet has intentionally kept to the mistranslation.

Norwegian Wood

A man of my age passes by, whistling.
The day has been stifling, and even now it's hot.
So it's best not to think of anything and I guess
that song was from a long time ago
when the world was lighter or more fragile
like a spider's web
that one day would be torn apart.

Tecnología

El mensaje decía
es como si me hubiera soltado de una mano amada,
y hablaba también de llorar en público.
Después se fue y se llevó el este y el oeste,
lo que hay detrás, lo que hay delante,
se llevó el sol y hasta la luna.
Dejó sólo esas palabras que anoté
y que no sé leer.

Technology

The message said
it's as if I had let go of a beloved hand,
and spoke also of crying in public.
Then she was gone, taking the east, taking the west,
what is before, what is behind,
taking the sun, and also the moon.
Leaving only these words that I copied down
and don't know how to read.

Otra vez Ana

Si pienso en ella, me veo yo a su edad,
igual de apasionado.
Los amigos significaban todo.
Pero ahora los amigos se empiezan a morir de varias formas
y algunas muertes son irrevocables.
Espero que mi hija demore en enterarse.
Yo no le digo nada,
mientras la veo ajena,
hermosa y para siempre.

Ana, Again

When I think of her, I see myself at her age,
just as passionate as she is.
Friends used to mean everything.
But now friends are beginning to die off in various ways
and some deaths are irrevocable.
I hope it takes my daughter a while to realise.
And I don't tell her anything,
while I see her detached,
beautiful, always.

Desmantelar la casa

Más allá de la ausencia y del enorme despropósito que sigue
–costumbres que cuesta desterrar,
como llamar todos los días, por ejemplo–
no estoy seguro de que haya algo así
como la verdadera medida de la muerte
hasta que la casa se vacía, porque entonces
lo que tenía un sentido y por supuesto historia
apenas se resume en inventarios:
dos cuadros, un sillón, el samovar,
la cama y el bargueño.
La porcelana inglesa ya no cuenta,
ni el baccarat, la plata,
primeras ediciones de nada que ahora importe.
Son cosas viejas,
objetos que boyan en los cuartos sin razón.

Closing Up the House

Beyond the absence and the tremendous absurdity of what
follows
– habits, such as calling every day,
for example, are hard to banish –
I am not sure if there is any such thing
as the true measure of death
until the house is empty, because
what once had a meaning and, of course, a story
can barely be summarised in an inventory:
two paintings, an armchair, the stove,
the bed and the sideboard.
The English china already doesn't count,
nor the card games, the silver,
first editions of nothing that now matters.
They are old things,
objects that hover about the rooms with no purpose.

About the Author

Jorge Fondebrider, (born Buenes Aires, 1956) one of Argentina's foremost critics and cultural historians is also – or rather is first and foremost – an eminent poet and translator of poetry. He is the author of four collections: *Elegías* (1983), *Imperio de la luna* (1987), *Standards* (1993) and *Los últimos tres años* (2007). He has also compiled and edited *Conversaciones con la poesía argentina* (1995; interviews with 29 poets born between 1919 and 1940), *Tres décadas de poesía argentina* (2006), *Una antología de la poesía argentina 1970-2008* (2008); *Giannuzzi: Reseñas, artículos y trabajos académicos sobre su obra* (2010); *Otro río que pasa: Poesía argentina 1910-2010* (2010) and *Poésie récente d'Argentine: une anthologie possible* (2013). In addition he has selected and introduced collections by Joaquín O. Giannuzzi (1988) and Juan Gelman (1994), and he edited and introduced the *Collected Poetry of César Fernández Moreno* (1999) and *The Complete Poems of Joaquín O. Giannuzzi* (2009). His publications also include a compilation of essays on Buenos Aires by visitors to that city: *La Buenos Aires ajena: Testimonios de extranjeros de 1536 a hoy* (2001); essays on Patagonia: *Versiones de la Patagonia* (2003); a study of Lycanthropy: *Licantropía: Historias de hombres lobo de Occidente* (2004), and a study of Argentinians in Paris: *La París de los argentinos* (2010). Finally, he is the foremost translator and authority on contemporary and recent Irish poetry in the Spanish language.

About the Translator

Richard Gwyn has published widely in the field of medical humanities and non-fiction as well as being a fiction writer, poet and translator. His first novel, *The Colour of a Dog Running Away* (2005) received international acclaim and his literary memoir *The Vagabond's Breakfast*, was awarded Wales Book of the Year (creative non-fiction). Richard's most recent book of poetry is *Sad Giraffe Café* (Arc, 2010). Over recent years Richard has developed his reputation as a translator, particularly of poetry from Latin America. He is currently Professor of English Literature and Director of Creative Writing at Cardiff University.